ANCIENNES

FAIENCES DE PERSE

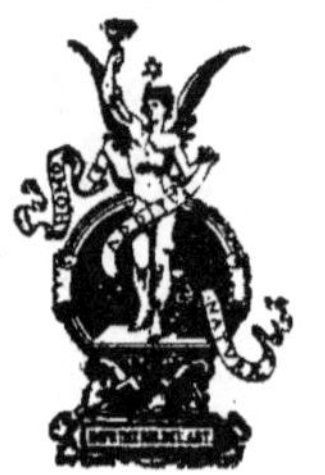

CATALOGUE

DES

ANCIENNES

Faïences de Perse

(Deux Plats et Deux Bols)

DONT LA VENTE AUX ENCHÈRES PUBLIQUES

EN VERTU DE JUGEMENT ENREGISTRÉ

AURA LIEU

HOTEL DROUOT, SALLE Nº 2

LE MERCREDI 23 DÉCEMBRE 1908

À 3 HEURES 1/2

COMMISSAIRE-PRISEUR	EXPERT
Mᶜ F. LAIR-DUBREUIL	**M. R. DUPLAN**
6, rue Favart	10, rue Rossini

EXPOSITIONS

PARTICULIÈRE : Le Mardi 22 Décembre 1908, de 2 heures à 6 heures.

PUBLIQUE : Le Mercredi 23 Décembre (Jour de la Vente), de 2 h. à 3 h. 1/2.

CONDITIONS DE LA VENTE

En raison du caractère judiciaire de la vente, elle sera faite expressément au comptant.

Les adjudicataires paieront *dix pour cent* en sus des enchères.

L'exposition mettant le public à même de se rendre compte de l'état des objets, il ne sera admis aucune réclamation après l'adjudication prononcée.

Paris. — Imp. de l'Art. Ch. Berger, 41, rue de la Victoire.

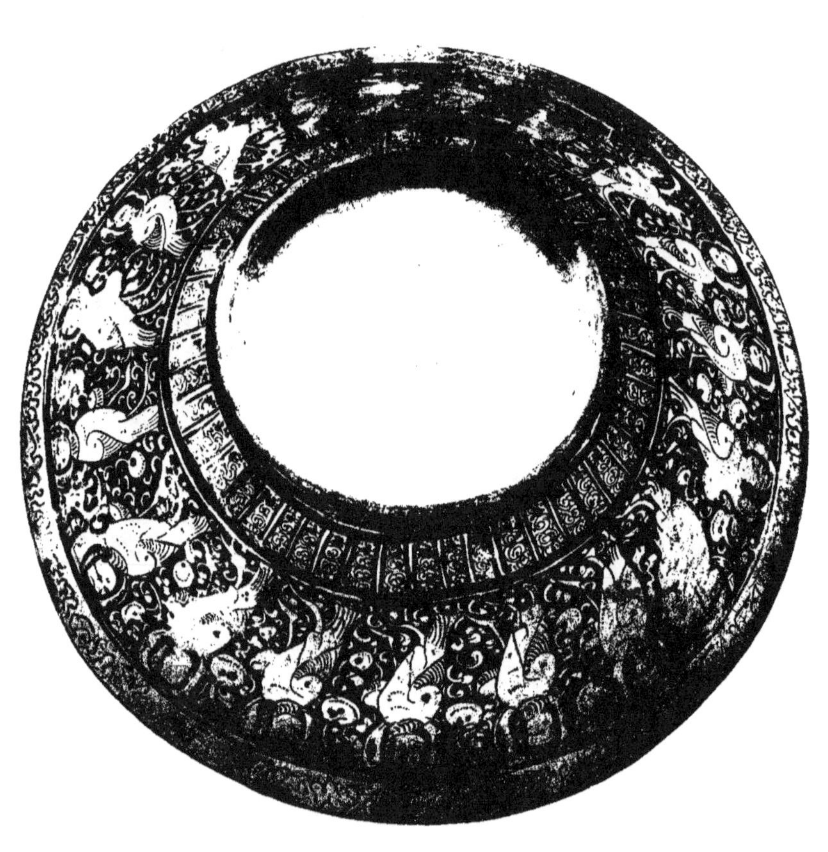

I

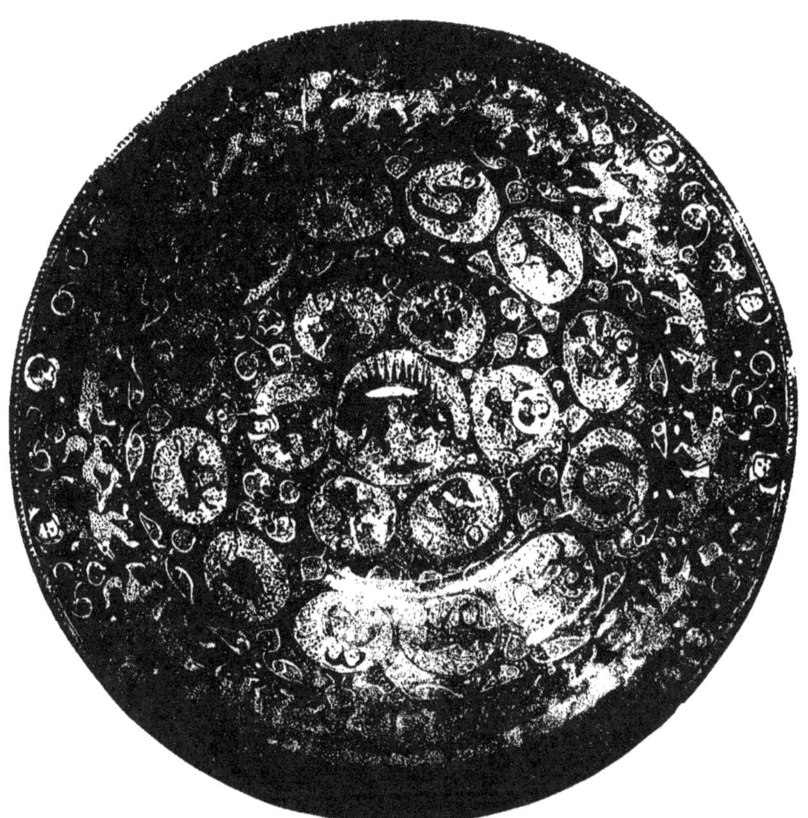

1

DÉSIGNATION

1 — GRAND PLAT CREUX, de forme circulaire, à bords largement évasés, en ancienne faïence de la Perse.

Intérieurement, le décor à reflets métalliques sur fond clair offre, au centre, un médaillon figurant le Lion et le Soleil de Perse, entourés de six médaillons à personnages; sur la partie inférieure du bord se détachent les douze signes du Zodiaque, également dans des médaillons surmontés d'une théorie de personnages chevauchant des animaux et couvrant le marli. Le fond du décor est formé par des feuilles, des palmes et des arabesques.

Extérieurement, le décor figure des oiseaux symboliques à têtes de femmes se détachant sur un fond brun cuivreux à motif de feuilles enlacées d'ornements ; tout le long du bord court une légende en caractères persans.

Pièce exceptionnelle par sa rareté.

Dimensions : Diamètre, 49 cent.

2 — PLAT CREUX en ancienne faïence de la Perse, à décor gros bleu sur blanc, présentant au centre deux Simorg Anka ou oiseaux fabuleux au milieu de feuillages ; sur le bord. des motifs à fleurs et feuillages et sur le marli un gros pointillé ; extérieurement, décor en bleu et noir avec irisations.

Dimensions : Diamètre, 34 cent.

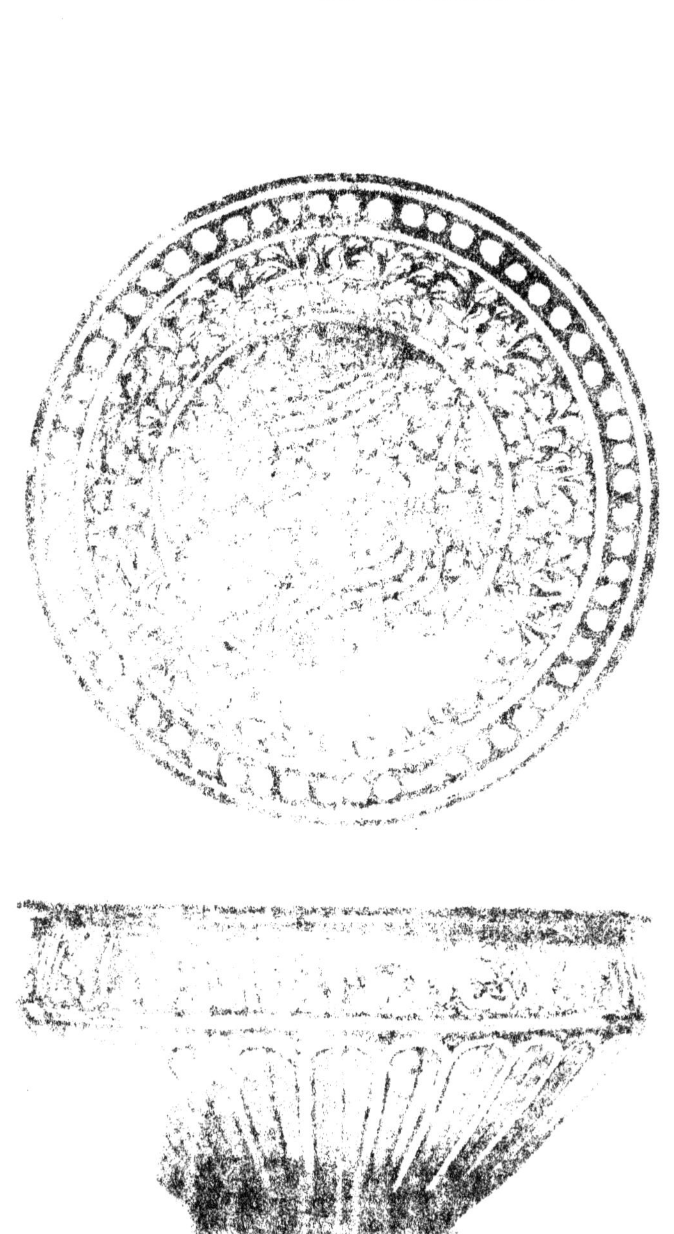

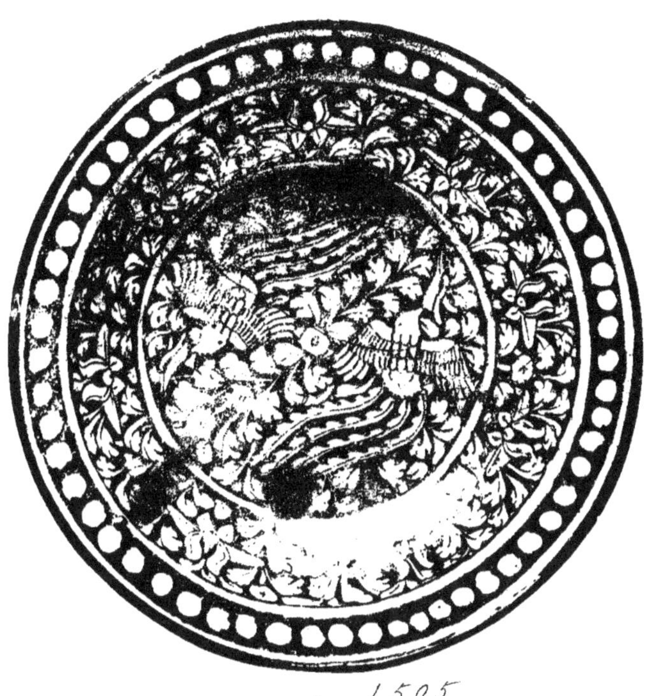

1.505

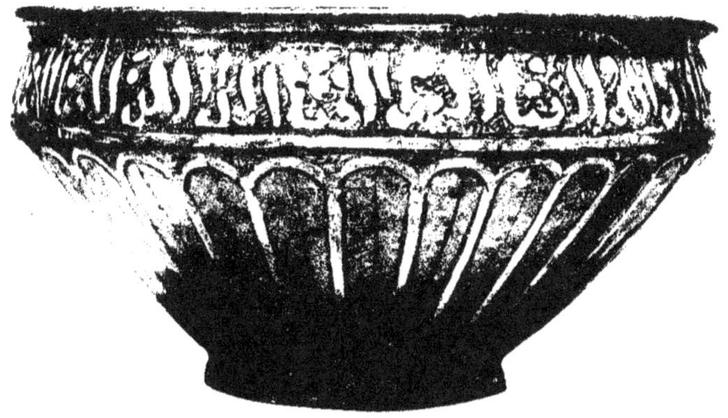

6200

3 — Grand bol en ancienne faïence de la Perse, figurant, à l'intérieur et au fond, une scène de personnages ; sur le bord, sont représentés des volatiles fabuleux au milieu de feuillages ; extérieurement, court une légende en caractères persans, surmontant un motif décoratif à arceaux.

Dimensions : Diamètre, 28 cent.
Hauteur, 145 millim.

4 — Bol en ancienne faïence de la Perse, à décor bleu irisé; à l'extérieur, traces de décoration.

> Dimensions : Diamètre, 205 millim.
> Hauteur, 105 millim.

www.ingramcontent.com/pod-product-compliance
Lightning Source LLC
LaVergne TN
LVHW010842180726
843502LV00009B/3700